COLECCIÓN "MOMENTOS CON UNO MISMO"

EL PROBLEMA ESENCIAL

Swami Dayananda Saraswati
Arsha Vidya

Fundación Arsha Vidya
Buenos Aires, Argentina

Saraswati, Swami Dayananda

El problema esencial / Swami Dayananda Saraswati ; editado por Federico Oliveri. - 1a ed. - Buenos Aires : Fundación Arsha Vidya, 2018.

38 p. ; 21 x 15 cm. - (Momentos con uno mismo)

Traducción de: Federico Oliveri.

ISBN 978-987-29424-9-6

1. Filosofía Oriental. 2. Hinduísmo. 3. Espiritualidad Oriental. I. Oliveri, Federico, ed. II. Oliveri, Federico, trad. III. Título.

CDD 181

Información sobre derechos de autor:
Libro original: 'The Fundamental Problem'
Idioma: inglés
© Arsha Vidya Research and Publication Trust, Chennai, India.

Arsha Vidya Research and Publication Trust, Chennai, India es propietario de los derechos de autor de la obra original "The Fundamental Problem" en inglés de Swami Dayananda Saraswati, y ha brindado su permiso para la traducción y publicación de la presente obra.

Publicación en español de la
Fundación Arsha Vidya
J. Salguero 2225, piso 3
1425 Buenos Aires
ARGENTINA
Teléfono: +5411 4826 5767
E-mail: fundacionarshavidya@gmail.com
http://www.fundacionarshavidya.org.ar

1ª edición en español: Marzo 2019. Copias: 100

Edición y traducción:
Federico Oliveri, federicooliveri@hotmail.com

ÍNDICE

GUÍA PARA LA TRANSLITERACIÓN Y PRONUNCIACIÓN
DE LAS LETRAS DEL SÁNSCRITO

Como el idioma sánscrito es muy fonético, la exactitud en la articulación de las letras es importante. Para aquellos no familiarizados con los caracteres *devanāgari*, la transliteración internacional es una guía para la pronunciación adecuada de las letras del sánscrito.

अ	*a*	(cas*a*)			ट	*ṭa*	(tar*ṭa*)	*3
आ	*ā*	(c*ā*sa)			ठ	*ṭha*	aspirado	*3
इ	*i*	(pat*io*)			ड	*ḍa*	(*ḍa*r)	*3
ई	*ī*	(r*ío*)			ढ	*ḍha*	aspirado	*3
उ	*u*	(s*u*po)			ण	*ṇa*	(ro*ṇ*ronear)	*3
ऊ	*ū*	(men*ú*)			त	*ta*	(cin*ta*)	*4
ऋ	*ṛ*	(cént*ṛ*ico)			थ	*tha*	aspirado	*4
ॠ	*ṝ*	(co*ṝ*riente)			द	*da*	(an*da*)	*4
ऌ	*ḷ*	(a*ḷ*rededor)	*		ध	*dha*	aspirado	*4
ए	*e*	(m*e*sa)			न	*na*	(*n*ada)	4
ऐ	*ai*	(c*ai*ga)			प	*pa*	(pa*p*a)	5
ओ	*o*	(l*o*bo)			फ	*pha*	aspirado	*5
औ	*au*	(*au*n)			ब	*ba*	(em*b*alar)	5
क	*ka*	(va*c*a)	1		भ	*bha*	aspirado	*5
ख	*kha*	(*k*iosco)	*1		म	*ma*	(*m*amá)	5
ग	*ga*	(tortu*g*a)	1		य	*ya*	(h*i*ato)	
घ	*gha*	aspirado	*1		र	*ra*	(pe*r*a)	
ङ	*ṅa*	(ta*ṅ*go)	1		ल	*la*	(fi*l*a)	
च	*ca*	(fe*c*ha)	2		व	*va*	(*W*alter)	*
छ	*cha*	(*ch*ao)	*2		श	*śa*	(¡s*sh*hh!)	*
ज	*ja*	(ad*y*acente)	*2		ष	*ṣa*	(¡s*sh*hh!)	*3
झ	*jha*	aspirado	*2		स	*sa*	(ta*s*a)	
ञ	*ña*	(pi*ñ*a)	2		ह	*ha*	(hi*j*a)	

- *ṁ* anusvāra (nasalización de la vocal anterior)
- *ḥ* visarga (aspiración de la vocal anterior)

* No hay equivalentes exactos en español para estas letras.
Un "aspirado" se pronuncia como la consonante anterior aspirada.
1. Gutural – se pronuncia desde la garganta.
2. Palatal – se pronuncia desde el paladar.
3. Lingual – la lengua se curva hacia el cerebro.
4. Dental – se pronuncia desde los dientes.
5. Labial – se pronuncia desde los labios.

La quinta letra de cada una de las categorías de arriba se llama "nasal" y se pronuncia nasalmente.

DISCERNIENDO EL PROBLEMA

Un *mumukṣu* es aquel que discierne el problema humano básico de la no aceptación de uno mismo y busca liberarse de esto. Es desde este punto de vista que el *vedānta* nos ayuda a comenzar la indagación.

Todos nuestros problemas de búsqueda se originan en la mente. Cuando estamos en sueño profundo, no somos conscientes de ninguna lucha. Pero cuando estamos despiertos, constantemente somos desafiados por pensamientos y situaciones. Nuestro impulso es tratar de resolver todas las perturbaciones y generar cierto orden tanto dentro como fuera. La mente humana tiene la capacidad de indagar la naturaleza y el significado de las cosas, de razonar, analizar, llegar a conclusiones y tomar decisiones.

Un animal está programado para vivir su vida gobernado por su instinto innato y la necesidad de sobrevivir. Por ejemplo, una vaca satisface instintivamente la necesidad de alimentar su cuerpo comiendo hierba. No reflexiona sobre ser vegetariana ni exige una salsa gourmet especial para disfrutar el césped. Los instintos le permiten al animal sostener su vida. En consecuencia, la necesidad de sobrevivir es su atracción por aquello que sostiene y mejora su supervivencia, y su alejamiento de aquello que es doloroso o que amenaza su supervivencia. De manera similar, un ser humano desea que su cuerpo, con sus varios sistemas, sobreviva y funcione sin dolor, sin enfermedad ni deterioro. Estas necesidades naturales deben ser satisfechas para que el sistema pueda seguir prosperando. Todo lo que nace se mueve naturalmente hacia el sostenimiento de su vida y se aleja de aquello que podría provocar su finalización. Un ser humano, sin embargo, tiene un intelecto, una facultad de pensamiento y, por lo tanto, la mera supervivencia corporal no llena su vida. Él o ella no solo quiere continuar viviendo sino vivir de una manera particular.

Si naturalmente buscamos sostener nuestra vida, también buscamos satisfacer las necesidades naturales de la mente. La mente, al ser un instrumento de la razón, busca cierto mínimo de claridad. Se mueve, muta y cambia, y quiere despojarse de toda ignorancia y confusión. Quiere sentirse a gusto con sus pensamientos y estados de ánimo; quiere estar a gusto con su entorno. Esto hace que la mente humana se percate de sí misma y sea autoconsciente. Al ser conscientes de nosotros mismos, no podemos sino ser deseadores, buscadores. Significa que la esencia misma de nuestra vida es que buscamos objetivos. Pueden ser elevados, profundos o profanos.

EL DESEO ESENCIAL

Lo que realmente deseo es estar libre de deseos. Este "yo deseo" es exactamente lo que no deseo. Satisfacer un deseo es deshacerse de él. Por lo tanto, decir "yo deseo" realmente es decir que no deseo tener ningún deseo. Sin embargo, no puedo evitar desear, ya que al ser autoconsciente soy consciente de que estoy incompleto. Si no me considerara incompleto, no desearía ser diferente de lo que soy. La sensación de estar incompleto se expresa a través de la búsqueda de diferentes objetivos. No es algo que cultive o aprenda con el tiempo. Un bebé también tiene deseos. Puede que no sepa exactamente lo que desea, pero además de simplemente desear vivir, también desea aquello que lo hará sentirse bien, feliz, seguro, etc. A medida que crecemos, nuestros deseos se definen, refinan y renuevan constantemente de acuerdo con las atracciones y aversiones que cultivamos, de nuestra ética, valores, caprichos y estados de ánimo de cada momento.

Por lo tanto, encontramos que además de la necesidad básica de sobrevivir, parece haber otra necesidad básica: que las cosas nos vayan bien; esto se manifiesta en la mente como "quiero estar pleno, completo, validado, realizado y feliz". De cualquier manera que lo digamos, es lo mismo. A diferencia de todos los deseos que recogemos con el tiempo, cultivados para fines específicos, este parece venir con el nacimiento. Es un deseo que nuestros antepasados también tuvieron. A nadie le hace falta que se le diga que estar pleno y feliz es algo deseable.

Para satisfacer esta necesidad busco algo, ya sea un objeto, una situación, una persona, etc., creyendo o esperando que ello produzca un cambio en una condición dada, o me acerque a ser la persona completa que quiero ser. Un búfalo de agua no desea vivir en Brooklyn o ir al Himalaya de vacaciones, y mucho menos cambiar su peinado o convertirse en una vaca. Pero un ser humano siempre quiere cambiar algún aspecto de su situación. Con mucho dolor, soy muy consciente de mi estado incompleto y no puedo soportarlo. La necesidad de estar pleno y completo no es un rasgo peculiar de alguna persona en particular, es común a todos los seres humanos de todos los tiempos. Está implícito en cualquier acción que se extienda más allá de la mera supervivencia corporal instintiva. De hecho, es el deseo detrás de todos los deseos cotidianos, el deseo esencial, el deseo madre, ya que es el deseo que da nacimiento a todos los deseos y motivaciones.

Elijo vestirme de una manera particular, comprar una casa de verano, conseguir un trabajo mejor, tener una relación seria, deshacerme de los malos hábitos y demás. No lo hago por el hecho en sí mismo, sino por mi propio beneficio, por la sensación que invoca en mí cuando lo obtengo.

Es importante ver, entender esto con claridad, porque este es el objetivo que realmente buscamos.

MEDIOS PARA LA COMPLETITUD

Una vez determinado el objetivo, ahora deberíamos poder llegar al medio apropiado y adecuado para alcanzarlo. Primero, sin embargo, veamos qué significa cuando decimos que queremos ser completos, plenos y adecuados. Todos conocemos la experiencia de la felicidad. Como la conocemos, la buscamos y luchamos por ella durante todas nuestras vidas.

Cuando soy feliz en un momento determinado, me siento libre de todas las limitaciones; yo soy yo mismo. Ese es el yo que amo ser, que vivo para ser, que busco ser en todos los objetivos que deseo alcanzar. ¿Es la completitud que busco algo limitado, algo relativo? Si lo que estoy buscando es en realidad un objeto específico, entonces, de hecho, estoy buscando un objetivo limitado, ya que todos los objetos están limitados en el tiempo y el espacio. La completitud que busco no puede ser limitada porque todo lo que es limitado depende de otros factores ajenos a sí mismo para su sustento, y por lo tanto es incompleto. En el momento presente, dependo de una cantidad de cosas y situaciones para mi sensación de bienestar.

Esta misma dependencia es la que me da la sensación de estar incompleto. Lo que quiero es libertad de la dependencia porque, de lo contrario, mi bienestar está a merced de condiciones que a su vez están sujetas a cambios en función de todavía otras condiciones. Si lo que realmente buscara con todas mis búsquedas y luchas solo fuera otro estado como el que se obtiene en la actualidad, entonces toda actividad carecería de sentido.

La completitud no es una entidad medible. No es una cantidad finita, que siga añadiendo cosas a mí mismo y un día me vuelvo pleno y completo. Sería como decir que mil unidades de logros me llenarán, pero si falta uno quedaré incompleto. Tal pensamiento es falaz. Esta plenitud tampoco es del ámbito de la experiencia, porque observo que alguien con renombre, fama y fortuna no es necesariamente una persona plena. De hecho, incluso observo que esas personas buscan más que otras.

Si en todo deseo lo que realmente quiero es poner fin a la persona que desea, está claro que la persona que desea no se irá a menos que ya esté completa, sin límites y sin nada que le falte. Solo entonces puedo estar contento. Si esto es cierto, ¿es realista y razonable decir que quiero estar libre del deseo? Lo es. Lo que observo es que, no importa cuál sea el logro, no importa cuán gratificante sea este por el momento, no dejo de ser un buscador, un deseador de objetivos. Ningún objetivo satisface o puede satisfacer esa necesidad de completitud. De hecho, la realidad intrínseca a los logros, que hace que fallen en su objetivo, nos da la expresión "así es la vida". Me río o lloro por ese hecho y continúo con mi próxima búsqueda, con la esperanza de que me acerque al verdadero objetivo.

Además de la impermanencia de los objetivos adquiridos está el hecho de que mis valores y mis estados de ánimo cambian constantemente. Por lo tanto, el que recibe lo buscado no es exactamente quien lo buscó. El impacto del logro pierde su potencia o significado, ya que el logro en sí mismo es limitado. Por cada logro siempre hay un precio, una pérdida. Como mínimo, existe la pérdida de su condición previa. Incluso mientras leo estas páginas, pierdo la oportunidad de ver la televisión, que puede ser igualmente atractiva. Tengo que elegir. De ningún modo puedo estar al mismo tiempo físicamente aquí y también allá. Cualquier elección implica negación o eliminación, mientras espero haber elegido la mejor alternativa. Pero todo lo que encuentro en el mundo son solo objetivos limitados.

Lo que hemos discernido, tanto lógica como experiencialmente, es que en nuestro corazón buscamos estar libres de limitaciones; queremos un fin que no llegue a su fin. Quizás no conocemos la naturaleza de tal fin, porque parece que no hemos empleado el medio adecuado. ¿Puede haber un medio que dé como resultado un fin ilimitado? Para obtener los fines que aún no hemos logrado, hay un espectro de medios disponibles en el mundo. Entre un fin que desee alcanzarse y quien quiera alcanzarlo, siempre hay una distancia, una brecha en términos de tiempo y espacio. Para cerrar esa brecha debemos poner el esfuerzo adecuado, ya sea físico o mental. Pero entonces, lo que podemos producir por medio de nuestro esfuerzo siempre será limitado, porque el esfuerzo en sí mismo es limitado.

Una acción no puede producir un resultado que no sea inherente a sí misma. No puedo caminar acostado. Una acción solo puede producir un resultado que sea apropiado para esa acción. Entonces, por las mismas leyes inherentes a toda acción, encuentro que lo que logro en el mundo es limitado, pero lo que busco es ilimitado. Es un callejón sin salida. Es lógico. Soy limitado y busco algo limitado, a través de medios limitados. Si a inseguro le sumamos inseguro, limitado por el tiempo, el resultado es inseguro. Si a lo incompleto le sumamos un millón da lo mismo: incompleto, porque es lógico y también es mi experiencia. Uno y un millón están igual de lejos de infinito. Entonces, al descubrir el objetivo que realmente busco, he llegado al problema que estoy enfrentando. El problema es que no puedo evitar buscar la completitud, pero no puedo obtenerla por ningún medio disponible.

Un *mumukṣu* se da cuenta de esto. Cuando esto ocurre, puede traerle desesperanza. Sin embargo, no es un estado de autocondena sino de autoestima, porque esa es la naturaleza de la solución. No puedo renunciar a la necesidad de completitud y felicidad. Esto lo convierte en **el problema esencial**.

El problema es natural y lo natural debe ser significativo. Como es un impulso natural, el deseo de ser ilimitado debe tener una solución, tal como las tienen otros impulsos naturales como el hambre y la sed. Todo lo que sea natural con respecto al uno mismo siempre es aceptado con gusto. Por ejemplo, no me quejo de que los ojos vean. No me irrita que haya ojos en las cuencas de los ojos. Pero no puedo soportar que haya una pequeña mota de polvo en el ojo. Incluso el sistema fisiológico no puede aceptar esas partículas alienígenas que no pertenecen al sistema. De hecho, en el cuerpo se desata una batalla con temperaturas altísimas porque los intrusos deben ser rechazados. Del mismo modo, no quiero seguir siendo inadecuado, infeliz e incompleto. Estas son condiciones que la mente no puede aceptar. Quiero eliminarlas porque son intrusas, son antinaturales. Como mi naturaleza es lo opuesto a lo que no tolero, es natural para mí estar sin ellas; intento deshacerme de ellas lo más rápido que puedo.

Si no puedo tolerar el dolor y la agitación, mi naturaleza debe ser la felicidad y la paz. De lo contrario, ¿por qué no toleraría la pena? Si la pena fuera mi naturaleza debería sentirme a gusto con ella. Como no me siento así, es obvio que la tristeza no es natural para mí. En consecuencia, todo lo que busco es mi propia naturaleza. La felicidad, la paz mental que busco, es lo que soy. Si es así, ¿por qué la añoro? No puedo añorarme a mí mismo. Sin embargo, si todavía la añoro y la busco a través de innumerables planes y esquemas, haciendo cosas interminables, la búsqueda obviamente proviene del autodesconocimiento y la ignorancia de uno mismo.

Ahora el problema está claro. Es un problema diferente de los problemas ordinarios, porque el objetivo es de una naturaleza diferente. Lo que quiero obtener no es algo que esté lejos de mí, no es algo diferente de mí y no es algo que tenga que lograrse. Lo que quiero obtener es lo que quiero ser. Lo que quiero es yo mismo. El medio para este fin debe diferir de simplemente esforzarse, por grande que sea el esfuerzo.

Si no implica buscar o separarme de algo, ¿quiere decir que puedo estar completo sin acciones, sin devenir en absoluto? Sí, pero la palabra "devenir" no tiene sentido aquí, porque todo devenir implica un cambio, y un cambio implica una pérdida. Si, sin ningún cambio, voy a "devenir" completo, entonces claramente debe ser la obtención de lo ya obtenido. Es precisamente debido a la aparente paradoja del problema que la búsqueda parece estar envuelta en misterio. Lo que busco está escondido en el lugar más secreto: está en el mismo buscador. En el acto de buscar niego lo buscado, porque lo que busco es diferente de mí.

Si lo que busco ya está conmigo, obviamente soy ignorante de este hecho. El único remedio para mí es saber que ya tengo lo que busco. Por ejemplo, busco mis anteojos, los mismos que distraídamente coloqué sobre mi cabeza. Los busco por todos lados, mientras están conmigo todo el tiempo. Todos los esfuerzos son en vano. Simplemente, no sé que ya los tengo. Es el conocimiento el que me hará poseedor de los lentes. El buscador, que soy yo, y lo buscado, el poseedor de los anteojos, son uno y lo mismo. Al ser el problema la ignorancia, solo puede resolverse por el conocimiento. Si hay autodesconocimiento e ignorancia de uno mismo, también debe haber autoconocimiento. Este es el conocimiento que busca un *mumukṣu*. Es el *vedānta*.

La naturaleza del ser

Cuando hablamos de autoconocimiento, tenemos que determinar qué es ese yo, el significado de "Yo soy". ¿Qué queremos decir cuando decimos "yo"? Es irónico que la palabra "yo", que usamos constantemente durante todo el día y que es el punto de vista desde el cual vemos y juzgamos el mundo, no tenga un objeto definido en nuestra mente.

Toda palabra que uso provoca un objeto o concepto externo en la mente. Pronuncio la palabra "vasija" y aparece una forma de pensamiento correspondiente al objeto vasija. Esta es la base de toda comunicación. Si escucho la palabra "vasija" y en cambio veo una valija, entonces mi conocimiento es erróneo. Si no veo nada, diría que ignoro completamente el objeto "vasija". Por ejemplo, digo *gagabugain*, una palabra sin sentido; definitivamente no connota nada. Toda palabra tiene un objeto que le corresponde. Pero cada vez que digo "yo", cientos de veces por día, ¿quién es este "yo"? ¿Quién es este "yo" que experimento tan íntimamente? Porque parece que es este "yo" el que no está contento, el que no puede armonizar su vida. Es este "yo" el que quiere expresar su potencial, sus capacidades, y desea una relación seria, no quiere sufrir. Este es el "yo" que quiere conocerse a sí mismo. Quiero dirigirme a este "yo"; quiero ver este "yo". ¿Quién es este "yo"? Cuando indago sobre la naturaleza del "yo", está claro que el "yo" es un ser consciente y que todo lo que no es "yo" es el mundo.

Podemos simplificar toda la creación en dos factores. Uno es el sujeto y el otro el objeto. Todo lo que puedo objetivar es el objeto, y yo, el que lo objetiva, soy el sujeto. En un objeto, no tengo la noción de yo, el sentido de yo. Yo no estoy donde está el objeto porque es algo que conozco. "Yo" siempre es el sujeto. Un objeto no siempre necesita ser tangible. Hay cosas intangibles que aprecio y conozco. Soy consciente del tiempo y el espacio, por ejemplo, que no son tangibles, pero siguen siendo objetos de mi conocimiento.

Está bastante claro que el yo es el sujeto, dado que el sujeto es distinto de cualquier objeto de conocimiento. Sin embargo, todavía tiendo a concluir que el yo, el sujeto, es el cuerpo físico. Todos tenemos la experiencia íntima de que el yo está confinado a las extremidades del cuerpo y que el mundo existe más allá de sus límites. Yo no existo, por ejemplo, en el espacio entre mis dedos, mientras que no hay ni la más remota posibilidad de dejar de sentir siquiera el dolor de un rincón del cuerpo. Si un dedo de mi pie está lastimado, yo estoy lastimado. Conozco cada rincón y pliegue de mi cuerpo. Sin embargo, tiendo a pasar por alto el hecho de que el cuerpo físico es un objeto de conocimiento no solo para mí, sino también para otros.

Ahora es obvio que el sujeto y el objeto son dos entidades distintas y separadas. El conocedor de una cosa es distinto de aquella cosa que él o ella conoce. A partir de aquí, entiendo que yo no puedo ser el cuerpo físico. De manera similar, no puedo atribuir la identidad de yo a ninguna función o sistema del cuerpo, porque implica la misma relación sujeto-objeto, conocedor-conocido. Por ejemplo, conozco mis órganos de los sentidos así como sus funciones. Cuando digo que soy ciego, lo hago con respecto a mis ojos; soy bajo o alto con respecto a mi cuerpo físico; tengo hambre con respecto a mi condición fisiológica. Además, soy tío, primo, madre con respecto a diferentes personas. Sin embargo, yo, el sujeto, no soy ninguno de estos ni una combinación de estos. En cada caso, me estoy mirando a mí mismo desde un punto de vista particular que puede ser objetivado.

Cada situación, a cada momento, invoca en mí a una persona relevante para esa determinada situación. Por ejemplo, cuando veo a mi hijo, yo soy padre. Este es el yo relativo al que me enfrento todo el tiempo. Este es el yo relativo que tiene todos los problemas. "Yo" como hija tiene un problema; "yo" como persona de poca estatura tiene un problema. Nunca confronto el "yo" absoluto que está presente en todos estos roles relativos. Quiere decir que si hay un "yo" absoluto, un "yo" central, como tal, no hay ocasión en que ese "yo" sea conocido.

Cuando cometo un error, considerándome diferente al yo completo, ese error no puede ayudarme. Por el contrario, pierdo en esa transacción. El "yo" está libre de toda limitación, pero he llegado a la conclusión de que soy el cuerpo, asumiendo todas sus limitaciones. Si yo no soy el cuerpo físico, ni los órganos de los sentidos, ni el sistema fisiológico, ni cualquier rol relativo que juegue, entonces ¿qué es "yo"? Quizás yo sea la mente. Pero, ¿qué quiero decir cuando digo "mente"? No puedo considerarme el cerebro tangible. El cerebro en sí es un objeto, como lo son las funciones del cerebro. Lo sé, soy consciente de los pensamientos y las emociones como la percepción, la inferencia, la conclusión, las dudas, la inquietud, la depresión, la agitación, etc.

Además, cualquier pensamiento no puede ser "yo" porque, a pesar de que el pensamiento se mueve y cambia, el "yo" permanece. Por lo tanto, cuando digo que estoy inquieto o agitado, solo estoy hablando de las condiciones de la mente. Yo no soy la mente, porque yo soy el que está consciente de todos los pensamientos. Los pensamientos van y vienen, pero yo permanezco. Antes de que el pensamiento llegue, mientras el pensamiento es, e incluso después de que se haya ido, estoy muy presente. Significa que soy independiente del pensamiento. En sánscrito, a la mente con sus diversas funciones la llamamos *antahkarana*. *Karana* significa instrumento. Entonces, la mente es un instrumento capaz de darme conocimiento, imaginación, recuerdos, emociones y problemas. Al ser un instrumento, como cualquier otro instrumento, tiene que estar en manos de alguien diferente de sí; por ejemplo, el telescopio no se ve a través de sí mismo; requiere un sujeto, alguien que vea. Por lo tanto, "yo" no puede ser la mente. Quizás podría decir: "Soy ignorancia". Es diferente de todos los otros casos. Pero también conozco la ignorancia. Conozco lo que conozco, y también lo que no conozco. Por ejemplo, sé que no sé ruso.

En consecuencia, si lo analizo, tengo que decir simplemente: yo soy... yo soy... yo soy, existo y conozco. No soy más que un conocedor de varias cosas. Las cosas que conozco varían, pero yo soy el que todo el tiempo conoce.

Aquí tenemos que dar un paso más. Si soy el conocedor de todos estos, solo soy el conocedor cuando hay algo que conocer, es decir, soy el conocedor con respecto a las cosas conocidas. Si reduzco la identidad del yo al conocedor, ¿qué significa "conocedor"? Significa aquel que está *consciente de*. Yo soy el que percibe. El perceptor y el conocedor son palabras funcionales. El sufijo *-or* se agrega a una función como controlador, locutor, corredor, etc. Denota al que hace algo y es un término relativo. Sin embargo, el yo que deseo conocer es el yo que es conciencia, sin relación con nadie ni con nada. La conciencia solo puede ser el contenido del conocedor. Esta conciencia no calificada es el significado de la palabra "yo". Si coloco el "yo" en cualquier lugar que no sea el sujeto, el sujeto último que es la conciencia, cometeré un error.

En el cuerpo, la conciencia es. En el pensamiento, la conciencia es. Ambos dependen de la conciencia, pero la conciencia es independiente de ambos. La conciencia no depende de nada. Es una existencia evidente por sí misma: yo sé quién soy. Una vez que veo que soy conciencia que es independiente, mientras que todos los pensamientos y objetos son dependientes de eso, estoy libre de todas las posibles limitaciones que pueda sufrir.

EL SER ES PLENITUD

El *vedānta* enseña que el ser es de la naturaleza de *ānanda*, que significa plenitud. Si el ser es conciencia pura, sin forma, sin características que lo restrinjan, está libre de todas las limitaciones. Es la misma plenitud, la misma felicidad que busco. Debe quedar claro que la plenitud no es la cualidad de un objeto exterior, ni está en algún lugar dentro del cuerpo físico. Como la felicidad a menudo coincide con la obtención de un fin o condición deseada, la atribuyo a ese fin o condición. El hecho es que, en el momento de la felicidad, la mente no quiere ni proyecta. Es un momento maravilloso porque estoy solo conmigo mismo. La felicidad, la plenitud que parece ir y venir, que depende de varias condiciones, está realmente presente todo el tiempo como la naturaleza de yo mismo. Siempre soy esa plenitud, pero debido a la ignorancia acerca de mí mismo, me considero como algo diferente de lo que soy.

El yo es *sat*, lo que siempre es y no puede ser negado. *Cit*, conciencia, también es *ānanda*, plenitud. Así como las nubes cubren el sol, la ignorancia cubre la verdad sobre mí mismo. Cuando está cubierto por nubes, el sol no cambia o deja de brillar, sino que parece diferente de lo que es.

Mostramos al principio que todos los impulsos humanos y las búsquedas con eso, si son reducidos a sus formas esenciales, pueden expresarse en el deseo de vivir y vivir felices y estar libres de la ignorancia. Cuando la enseñanza se desarrolla, la naturaleza del ser se revela como:

Sat - existencia que nunca puede ser negada,

Cit - conciencia y

Ānanda - plenitud, sin ningún límite.

Es irónico que, dada la verdadera naturaleza del yo, busquemos la felicidad en otro lado.

Si la conciencia es el verdadero significado del yo, entonces este yo ya no es una persona histórica. Todos los problemas que sufro pertenecen al yo histórico, al yo relativo, al yo que está falsamente identificado con el rol que desempeño en un momento dado. Es como un actor que en el escenario interpreta el rol de un mendigo, pero después del espectáculo se lleva consigo a su casa el hambre y la pobreza del mendigo.

Además, cuando digo "estoy inquieto", "estoy deprimido", "soy gordo", "soy delgado" y demás, son problemas o situaciones que son objetos de mi conocimiento y no del sujeto que los atestigua. Es como mirar una congestión de tráfico y decir "estoy congestionado". Observo el flujo de tráfico de mis pensamientos, pero tomo sus diversas condiciones como pertenecientes al ser. Es cierto, la mente está agitada y el cuerpo es gordo. Estos problemas pertenecen a la mente y al cuerpo y no a mí, el sujeto. Este conocimiento pone mis problemas inmediatos en la perspectiva adecuada. Los problemas pertenecen al objeto y no al sujeto. Esto es objetividad.

Una persona sabia, sabiendo que está plena y completa, siempre está plena y completa a pesar de su situación. La persona no depende de una situación, cosa o condición para estar plena. Una persona sabia es alguien que es dueño de sí mismo, porque la persona conoce la verdad del ser.

Cuando conozco la verdad del yo, naturalmente llego a conocer la verdad del mundo, de los objetos de mi conocimiento. El problema que originalmente confundí como real, y que tanta necesidad tenía de resolver, ahora lo veo como perteneciente a una entidad falsa. Sé que soy yo quien da realidad a la entidad. No tengo ningún problema, porque estoy pleno y completo; nada puede añadir nada a mí ni tampoco puede tomar nada de mí. Es ver el ser y mi vida tal como son. Solo entonces se puede abordar un problema tópico por lo que es. Hay una liberación total en este conocimiento, porque ya no soy una criatura en el mundo.

La metodología de enseñanza

El *vedānta* siempre ha sido una enseñanza de tradición oral, transmitida de maestro a alumno. Se dice que es un *pramāṇa*, aquello que es fundamental para dar lugar al conocimiento. Aquellos que llegan a él como estudiantes dedicados serios lo consideran un medio de conocimiento, tal como los ojos son un medio de conocimiento para conocer el color y la forma de un objeto físico. Esto implica dos cosas: el maestro y el estudiante. Al ser una tradición oral, requiere de un maestro que maneje las palabras y desbloquee el significado detrás de las palabras. Decirte que eres completo e ilimitado es una cosa; hacerte ver lo que realmente significa, es otra. Si no es hecho, las palabras simplemente crean otro condicionamiento.

Existe una necesidad de esta metodología y se basa en la naturaleza misma del tema de estudio. Lo que quiero saber es lo que quiero ser y es lo que soy. El yo no puede ser objetivado y, por lo tanto, no es accesible para ningún medio conocido de conocimiento. Todos los medios de conocimiento disponibles, ya sea la percepción, la presunción, la inferencia o la ejemplificación, involucran algunos datos sensoriales.

El único medio de conocimiento que tiene el alcance para revelar el ser es la palabra. Pero incluso la palabra, al producir pensamientos en la mente, revela un objeto que es diferente del sujeto. La obtención de cualquier conocimiento necesariamente ocurre en la mente. Sin embargo, cualquier cosa que pueda ser objetivada por la mente es diferente al sujeto. Además, para comunicarme accedo a palabras conocidas que solo pueden producir conocimiento de lo que se conoce. Si digo: "Eres ese Brahman", el significado de la palabra "Brahman" es desconocido para ti. Entonces, digo que Brahman significa ilimitado. La palabra "ilimitado" no tiene un objeto correlativo en el mundo conocido. Por lo tanto, todo lo que realmente puedo comunicar es una noción vaga o un concepto subjetivo o lo que sea que entiendas de esa palabra.

En consecuencia, el ser no es ni un objeto ni un concepto, sin embargo está innegablemente presente. Por lo tanto, su comunicación requiere un manejo extraordinario de las palabras. Las palabras deben ser definidas de manera elaborada para que el estudiante reciba lo que el maestro quiere decir. Deben hacerse malabares con las paradojas, manejarse ejemplos, acomodarse los contextos para que se pueda ver el significado implícito de las palabras. Para esto, es necesario un maestro que conozca la verdad, así como también la metodología para revelarla.

En segundo lugar, aquel que viene a aprender este conocimiento lo hace con una actitud particular. Al ser un *mumukṣu* ha discernido, hasta cierto punto, la naturaleza del problema y, por lo tanto, hay receptividad, apertura a lo que el maestro enseña. Lo que es enseñado no es la solución a un problema relativo; no es la opinión de una persona, que podría ser confirmada o no por información adicional; no es una filosofía especulativa, un sistema o una escuela de pensamiento, que más adelante pueda ser derrotada por un intelecto superior. Lo que se enseña es simplemente la verdad. Esto realmente distingue el autoconocimiento de todos los otros tipos de aprendizaje y resolución de problemas. Encuentro que en el mismo proceso de aprendizaje hay amor y confianza que proviene del alivio de descubrir el medio para lo que realmente quiero obtener. El maestro no es una autoridad, se asemeja más a una vela que encenderá otra vela.

El autoconocimiento nos da el fin que estamos buscando en todas nuestras actividades. Resuelve el problema esencial, la verdadera naturaleza del propietario, aquel que es el problema, y la verdadera naturaleza del problema en sí es vista.

Libros por
Swami Dayananda Saraswati
en español
Distribuidos en América Latina, España y
globalmente por

Fundación Arsha Vidya
Buenos Aires, Argentina
Tel: (005411) 4826-5767
fundacionarshavidya@gmail.com
www.arshavidya.org.ar

También disponibles en:

ARGENTINA
Librería Deva's
Corrientes 1752 C.A.B.A.
Tel: 5237-0916/17
y sucursales en todo el país

Sabores y secretos de la India
Ciudad de la Paz 1739 C.A.B.A.
Tel: 4783-3424

EN EL EXTERIOR
Amazon
https://www.amazon.com
Tipear "Dayananda español" en el buscador.

Libros por
Swami Dayananda Saraswati
en inglés

Public Talk Series:
1. Living Intelligently
2. Successful Living
3. Need for Cognitive Change
4. Discovering Love
5. The Value of Values
6. Vedic View and Way of Life
7. Sādhana and Sādhya

Upaniṣad Series:
8. Muṇḍakopaniṣad
9. Kenopaniṣad

Prakaraṇa Series:
10. Tattvabodhaḥ

Text Translation Series:
11. Śrīmad Bhagavad Gītā
(Text with roman transliteration and English
    translation)
12. Śrī Rudram
(Text in Sanskrit with transliteration, word-to-
    word and verse meaning along with an elaborate
    commentary in English)